MINISTÈRE DU COMMERCE

COMITÉ INTERMINISTÉRIEL DES PLANTES MÉDICINALES

RAPPORT

À MM. LES MEMBRES DU CONSEIL GÉNÉRAL

SUR LES

PLANTES THÉRAPEUTIQUES

DU PUY-DE-DÔME

PAR

MM. HUGUET et PERRIN

PARIS

IMPRIMERIE NATIONALE

1919

MINISTÈRE DU COMMERCE

COMITÉ INTERMINISTÉRIEL DES PLANTES MÉDICINALES

RAPPORT

À MM. LES MEMBRES DU CONSEIL GÉNÉRAL

SUR LES

PLANTES THÉRAPEUTIQUES

DU PUY-DE-DÔME

PAR

MM. HUGUET et PERRIN

PARIS

IMPRIMERIE NATIONALE

1919

TABLE DES MATIÈRES.

I

CONSEILS

SUR LA RÉCOLTE DES PLANTES MÉDICINALES

ET SUR LES SOINS À LEUR DONNER.

MESSIEURS,

En nous faisant l'honneur de nous désigner pour faire une enquête sur les plantes médicinales d'Auvergne, vous avez eu certainement l'intention d'intensifier, après la guerre, la récolte de ces plantes si nombreuses et si variées dans notre beau département.

Jusque-là, en effet, cette récolte a été loin de donner ce qu'on pouvait en attendre, et, à part quelques espèces de montagne comme la *violette* et la *gentiane* dont le commerce était assez actif dans les régions de Besse et de Latour, les autres plantes n'étaient guère récoltées que pour l'usage familial. Il en était d'ailleurs ainsi presque partout en France; notre pays, pour les plantes thérapeutiques, comme pour beaucoup d'autres choses d'ailleurs, était tributaire des Empires centraux; la plupart d'entre elles, comme la plupart des produits pharmaceutiques, nous étaient expédiés d'Allemagne ou d'Autriche. Et c'est ce qui explique que, depuis la guerre, la majeure partie de ces plantes ou de ces produits ont quadruplé de valeur, puisque la routine, unie au manque de main-d'œuvre, laisse perdre toutes ces richesses qui se trouvent en abondance sur notre territoire.

On peut être étonné d'apprendre que la majeure partie des fleurs de tilleul vendues en France avant la guerre provenaient de la Moravie et de l'Autriche; les feuilles de noyer, d'Italie; l'écorce de bourdaine, de Russie; les fleurs de guimauve, de Belgique, etc. De grandes maisons étrangères, allemandes et autrichiennes surtout, avaient fini, par une réclame habile, à s'imposer au monde entier et à accaparer complètement le commerce des plantes thérapeutiques. Tandis que les statistiques françaises établissent que pendant l'année 1913, c'est-à-dire avant la guerre, les plantes médicinales ont donné lieu chez nous à une transaction de 34 millions, les statistiques allemandes, au contraire, portent sur une transaction de 150 millions.

Les Empires du Centre avaient acquis cette supériorité par l'union étroite de la science, du commerce et de l'industrie. Des stations d'études avaient été créées dans les grands centres où on procédait à des sélections ; les graines étaient fournies gratuitement et les renseignements indispensables pour obtenir de bonnes récoltes étaient donnés par des praticiens que l'on envoyait sur place — aux lieux de culture —. D'ailleurs les grandes maisons d'herboristerie prenaient soin d'adresser elles-mêmes dans les centres de production la liste des espèces dont elles avaient surtout besoin, avec la qualité pour qu'il n'y ait aucune surprise chez le producteur.

Pendant ce temps, nous laissions perdre les mêmes plantes, qui poussaient chez nous en plus grande abondance. C'est à peine si quelques pharmaciens cueillaient eux-mêmes ou faisaient cueillir les « simples » dont ils avaient besoin pour la vente journalière; ceux des grandes villes préféraient encore les acheter aux grandes maisons d'herboristerie. Il a fallu la guerre et, par suite, la fermeture des frontières, pour nous apprendre que nous pouvions nous suffire en plantes médicinales et qu'il suffisait de vouloir pour ne plus être tributaires de l'étranger. L'exemple a d'ailleurs été donné par nos alliés d'Angleterre, de Russie et d'Italie, où une campagne active a été entreprise auprès du public des campagnes pour l'exploitation des plantes médicinales. Il ne faut pas que, malgré les préoccupations de l'heure présente, notre pays se laisse devancer; il est nécessaire que les pouvoirs publics, à l'exemple de ce que vient faire le Conseil général du département du Puy-de-Dôme, s'occupent de cette question des plantes médicinales, coordonnent les efforts, excitent les bonnes volontés, afin qu'au lendemain de la paix, la France puisse acquérir sur le marché mondial la place prépondérante que les Austro-Allemands avaient su y prendre avant la guerre.

En ce qui concerne le département du Puy-de-Dôme, nous ne saurions conseiller la culture en grand des plantes médicinales. Toute culture, en effet, exige du temps, des soins, de la main-d'œuvre. Cela ne permet pas aux populations si clairsemées de nos campagnes de s'y adonner. D'ailleurs ce genre de culture présente de gros risques, engage des capitaux et tout essai risquerait de donner des mécomptes et de décourager qui l'entreprendrait impunément.

La plupart des plantes médicinales n'ont de réelle valeur que lorsqu'elles ont vécu à l'état sauvage. On cultive parfois, dans les jardins, les végétaux les plus disparates pour s'éviter la peine de les aller chercher là où ils croissent naturellement. Il s'ensuit qu'une plante aromatique par exemple, qui aime les montagnes et l'exposition au midi, devient aqueuse, se gonfle et perd les trois quarts de son action dans un terrain plat, humide et ombragé. C'est ainsi que l'aconit et la digitale des jardins sont à peu près inactives, leur teneur en alcaloïde étant très faible. Toutefois, certaines plantes comme la chicorée, la camomille, le souci sont cultivées avec succès dans la Limagne. M. Chambat, de Pont-du-Château, après quelques essais est arrivé pour ces cultures à d'excellents résultats.

Mais ce qu'il faut encourager surtout, c'est la cueillette des plantes médicinales qui poussent un peu partout sur les hauteurs de notre beau département. La besogne est facile et peu fatigante. Contrairement à la culture, elle n'exige pas de main-d'œuvre spéciale. Bien mieux, elle utilise les loisirs de toutes les personnes dont les forces sont insuffisantes pour d'autres travaux. Les enfants, les personnes âgées, les convalescents, les mutilés, peuvent entreprendre ce travail peu pénible.

Mais, dira-t-on, ce travail si peu pénible, est-il assez rémunérateur? Nous pouvons répondre : oui. Si, avant la guerre, les prix étaient peu élevés à cause de la concurrence étrangère, ils ont triplé et parfois quadruplé depuis, par suite de la raréfaction de la marchandise, de sorte qu'actuellement dans une région où abondent les « simples », ce qui n'est pas rare en Auvergne, il est possible même à un enfant de se faire des journées de 5 à 6 francs, simplement par la cueillette des plantes médicinales; comme on le voit, le profit n'est pas négligeable. Mais il nous faut bien insister sur ce point : pour que la récolte soit productive, il faut que la plante à récolter soit abondante, afin qu'en peu de temps on puisse en amasser une grande quantité; opérer autrement c'est se réserver des mécomptes. C'est malheureusement ce qui est arrivé à beaucoup, qui, partant plein de bonne volonté, récoltaient des plantes médicinales de ci de là, sans chercher à connaître les endroits où telle plante abonde, et étaient tout étonnés ensuite du faible prix qu'on offrait de leur récolte. Le découragement prenait, et l'on abandonnait cette cueillette, qui, mieux comprise, aurait été plus rémunératrice. C'est ce qui explique combien nos grandes herboristeries de Clermont (Gagnière, Fourton et Patriarche) ont eu à lutter pour obtenir qu'on ramassât les plantes nécessaires à leur commerce. Aujourd'hui l'élan est donné, puisque ces maisons ont réussi à y intéresser, à elles seules, plusieurs centaines de personnes dans le département; mais combien il a fallu de persévérance pour arriver à ce résultat !

Pour intensifier la récolte des plantes médicinales, on a parlé d'utiliser les enfants de nos écoles dans certaines régions; le maître dirigeant les recherches peut trouver là la matière à d'excellentes leçons d'Histoire naturelle. Cette cueillette serait donc à la fois hygiénique et instructive et d'un excellent rapport. Nous connaissons des directeurs d'école qui agissent ainsi et partent, en été, le jeudi soir, avec les élèves qui veulent bien les accompagner à la recherche des « simples ». Celles-ci sont mises à sécher dans le préau de l'école et vendues au nom des enfants.

Malheureusement les loisirs dont disposent nos écoliers ne sont pas suffisants pour permettre de récolter une certaine quantité de plantes, mais les femmes, les vieillards, les mutilés de guerre, impropres à d'autres travaux, peuvent trouver là une occupation lucrative.

Il faudrait que le pharmacien ou, à défaut, l'instituteur veuille bien donner des conseils sur les plantes à récolter et sur les soins à leur donner. C'est surtout pour eux que nous allons indiquer quand et comment on doit faire la cueillette et quelles sont les précautions générales à prendre pour avoir des produits de belle valeur marchande, nous réservant d'indiquer, par la suite, comment doit-être traitée chaque espèce en particulier.

2.

CHOIX DES PLANTES.

Tout d'abord, quelles plantes faut-il ramasser? Il faut choisir, parmi les nombreuses plantes rencontrées, celles que l'on cueillera de préférence. Certaines d'entre elles, très abondantes, ont une valeur marchande faible; d'autres au contraire, moins nombreuses, ont une plus grande valeur thérapeutique et se vendent plus cher. Le mieux est donc de dresser la liste des plantes que l'on peut récolter facilement et de l'adresser soit à M. Gagnière ou à MM. Fourton et Patriarche à Clermont-Ferrand, soit au Syndicat de la droguerie, 7, rue de Jouy, à Paris.

On est ainsi renseigné de suite sur les plantes à choisir de préférence et on possède les adresses de plusieurs maisons d'herboristerie avec lesquelles il est facile de s'entendre pour le prix et le mode d'expédition. De cette façon, la récolte étant vendue d'avance, il n'y a plus qu'à faire la cueillette.

Cueillette des plantes médicinales.

A quelle époque doit-on la faire? Deux facteurs doivent entrer en ligne de compte, le temps et le degré de développement de la plante. Le temps doit être sec; toute récolte faite par un temps humide et brumeux, ou le matin à la rosée, est une récole perdue ou tout au moins de faible valeur marchande. D'autre part, il faut également tenir compte du développement et de l'âge de la plante. Ainsi, par exemple, les feuilles de jusquiasme et de digitale ne sont curatives que si elles sont récoltées sur une plante de deux ans et elles doivent être détachées avant la floraison; les fleurs doivent être récoltées au moment où elles commencent à s'épanouir, les fruits et graines, à complète maturité.

Parties de la plante à récolter.

Quelles parties de la plante doit-on récolter? Assez rarement la plante entière, ce que l'on désigne sous l'expression bien connue de « en vrac ». Le plus souvent on se contente de récolter les parties souterraines : *racines* (Gentiane, Bardane); *bulbes* (Colchique, Scille); *rhizomes* (Chiendent, Fougère mâle, etc.), à l'époque qui suit la fin de la végétation.

Dans certains végétaux, la droguerie utilise les *tiges* ou les *écorces;* les tiges sont débarrassées de leurs feuilles et coupées en fragments de longueur variable avant la dessiccation. Lorsqu'on prépare les feuilles, on les détache avec soin de la tige qui les supporte et on les récolte toujours avant la floraison.

Soins généraux.

Toutes les parties végétales récoltées doivent être triées, nettoyées à l'arrivée, puis transportées rapidement au séchoir. Bien entendu, l'on aura soin de ne pas trop serrer les plantes en les récoltant, car il faut éviter qu'elles soient fanées, surtout les fleurs, qui, flétries, sont inutilisables. On enlèvera avec soin les mauvais échantillons, les plantes étrangères, et, en général, tous les débris, feuilles mortes, tiges séchées, brindilles, mousses ou lichens adhérant au pied, etc... S'il s'agit de racines, il faut les laver, enlever la terre adhérente, parfois les racler et les inciser longitudinalement, ou, si elles sont trop grosses, les couper en tranches pour favoriser la dessiccation. Les tiges doivent être dépourvues de feuilles, et si celles-ci doivent être conservées, on les étale lorsqu'elles sont de grandes dimensions. C'est à ce moment également que l'on réunit les sommités en paquets que l'on n'a plus qu'à étendre sur des fils de fer au grenier ou sous un hangar.

Séchage.

Le travail de la dessiccation peut alors commencer; c'est l'opération la plus délicate et la plus importante. Il ne faut pas songer, en effet, expédier des plantes vertes ou incomplètement desséchées, car le volume serait trop considérable, les frais d'expédition trop onéreux et d'ailleurs ces plantes fermenteraient pendant le voyage et deviendraient inutilisables. La plante mal séchée n'est pas transportable et n'est, d'ailleurs, d'aucune valeur thérapeutique. Elle prend un aspect noirâtre, se couvre de moisissures et les principes actifs qu'elle renferme, essences, alcaloïdes ou autres, disparaissent en totalité ou en partie.

La dessiccation doit donc être complète et rapide; pour cela on opérera dans un endroit sec et bien aéré, avec un courant d'air continu. Ne jamais exposer les plantes au soleil pour aller plus vite; il vaut mieux dans ce cas employer l'air chaud. Dans la montagne, le séchoir est généralement le grenier ou le hangar; les plantes sont étendues sur des draps étalés sur le sol ou mieux sur des claies superposées; si l'on opère en grand, on fabrique facilement ces claies en tendant des pièces de toile d'emballage d'un bout à l'autre du grenier, en les superposant de façon qu'il y ait entre elles un intervalle de 3o centimètres.

Les plantes à sécher doivent être disposées en couches très minces, car il faut éviter d'avoir à les remuer trop souvent; tout au plus peut-on retourner les parties dures, racines, tiges, grosses feuilles. Pour le reste, feuilles menues ou fleurs, ne plus y toucher jusqu'à dessiccation complète. Dans tous les cas, celle-ci ne doit jamais dépasser une semaine si les conditions climatériques sont favorables.

Si l'air est humide, la température basse, il faut alors, si l'on ne veut pas perdre sa récolte, employer l'air chaud; on pourra alors se servir des fours, nombreux dans les campagnes; mais cette pratique demande une grande habitude et une surveillance rigoureuse pour ne pas dessécher la plante jusqu'à la cuisson.

On reconnaît que la dessiccation est suffisante lorsque, prenant la plante entre les doigts, on la brise facilement avec un petit bruit sec; à ce moment on laisse les produits exposés à l'air légèrement humide un jour ou deux pour qu'ils deviennent moins cassants, puis on emballe et on expédie aux drogueries. Ne pas oublier que des récoltes semblables peuvent avoir une valeur bien différente, selon la façon dont elles sont emballées, triées et séchées.

Ces considérations générales étant connues, nous allons étudier rapidement la répartition des plantes médicinales dans notre département suivant les zones d'altitude et la nature du terrain, puis décrire les plantes dont la cueillette peut être suffisamment rémunératrice, en indiquant en outre le moment de leur récolte, les parties à conserver, les soins à leur donner et nous terminerons enfin par une étude de ce que chaque région peut produire.

II

ZONES DE VÉGÉTATION DES PLANTES MÉDICINALES

Le département du Puy-de-Dôme est un des plus favorisés pour les plantes médicinales à cause de la nature diverse de ses terrains et des variétés d'altitude des différentes régions.

Au point de vue géographique, le département du Puy-de-Dôme se divise en trois régions ou zones à peu près parallèles et sensiblement orientées Nord-Sud :

1° Au centre, une plaine, la Limàgne;

2° A l'Est, un massif montagneux, les monts du Forez et les monts du Livradois.

3° A l'ouest, un plateau supportant, sur son bord oriental, les massifs éruptifs du Mont-Dore et du Cézallier et la chaîne volcanique des Puys.

La plaine de la Limagne correspond à la large dépression, d'altitude moyenne de 350 mètres, qui traverse notre département du Nord au Sud, et au milieu de laquelle coule l'Allier. Elle occupe le fond d'un grand pli concave, effondré entre les deux falaises granitiques qui la limitent de part et d'autre, à l'Est et à l'Ouest.

Elle est constituée par des terrains sédimentaires (grès, calcaires, marnes) d'âge tertiaire, c'est-à-dire de formation relativement récente.

Le massif montagneux, qui comprend les monts du Forez et les monts du Livradois, présente un grand pli convexe séparant la plaine de la Limagne de celle de Montbrison, le bassin de l'Allier de celui de la Loire.

Il est formé par des roches anciennes, roches cristallophylliennes (gneiss et micaschiste) et roches granitiques (granite et granulite). En outre, dans sa partie septentrionale, dans les environs de Thiers, il est sillonné par de nombreux filons de roches porphyriques.

Le plateau qui s'étend sur la partie occidentale du département a une altitude moyenne de 800 à 900 mètres et plonge doucement vers le Nord, dans la direction du bassin de Paris.

Il est constitué par des roches cristallophylliennes, granitiques et porphyriques, ces dernières étant surtout localisées dans les cantons de Manzat et de Menat.

C'est dans un pli de ces terrains qu'est enchâssée l'étroite bande houillère qui traverse le Puy-de-Dôme, en écharpe, du Nord au Sud et qui est exploitée à Saint-Éloy et à Messeix.

Enfin, c'est sur le bord oriental de ce plateau servant de socle que se sont édifiés les Massifs du Mont-Dore, du Cézallier et la chaîne des Puys, composés, les uns et les autres, par une grande variété de roches éruptives.

Ce rapide exposé montre que la structure géologique du département du Puy-de-Dôme est très accidentée.

La distribution des plantes médicinales dans le Massif Central nous paraît être réglée d'abord par la valeur chimique du sol. Par suite de son mode de formation, trois sortes de roches entrent dans la constitution du sol du département du Puy-de-Dôme : des *roches calcaires*, des *roches éruptives* de la série récente, des *roches cristallophylliennes* et *éruptives* de la série ancienne. Les terrains qui proviennent de la désagrégation de ces trois séries de matériaux peuvent être rangés au point de vue chimique en *terrains siliceux, calcaires, neutres*.

Les *terrains siliceux* sont les plus répandus; ils forment environ les trois cinquièmes du Massif Central et sont constitués par des roches anciennes (gneiss, micaschistes, granites, granulites et porphyres). Toutes nos vallées, à l'exception de la Limagne, sont creusées dans ces terrains.

Les granites dominent et en se décomposant ils forment un sol meuble, profond, très pauvre en chaux et en phosphore. La végétation de ces terrains est, abstraction faite de l'altitude, d'une remarquable uniformité : c'est le pays, par excellence, des châtaigniers, des bruyères et du seigle. Comme plantes médicinales il faut y rechercher : la Digitale, les Fougères, l'Arnica, les Anémones, etc.

Les *terrains calcaires* sont relativement bien moins répandus; ils affleurent surtout sur les bords de la Limagne et produisent les plantes connues sous le nom de *calcicoles*, parmi lesquelles nous pouvons citer l'Hélianthème, l'Astragale, la Coronille, l'Achillée-Millefeuille, l'Artemise, etc.

Les *terrains neutres*, par rapport à la végétation qui les recouvre, sont surtout constitués par des roches volcaniques qui à l'époque tertiaire ont été produites par des volcans du Massif du Mont-Dore et de la chaîne des Dômes et ont recouvert les roches sous-jacentes. Ces roches volcaniques sont nombreuses et variées; parmi les plus connues on peut citer : les basaltes, labrodorites, phonolites, andésites, domites et enfin les cendres et les scories. Ces roches forment tantôt des masses compactes offrant une résistance considérable aux agents atmosphériques, tantôt, au contraire, elles se désagrègent facilement et donnent naissance à des sols sablonneux ou même argileux. Ces roches n'ont pas, comme les terrains siliceux ou calcaires, une flore spéciale, les divers éléments contenus dans leurs produits de décomposition leur permettent de recevoir toutes les espèces silicicoles, calcicoles et indifférentes.

Au point de vue de l'*altitude*, nous distinguons quatre zones de végétation : la zone de plaine, la zone montagneuse, la zone subalpine et la zone alpine.

La *zone de plaine* correspond à toute l'étendue de la Limagne.

La *zone montagneuse* est encore connue sous le nom de zone du châtaignier; elle s'élève jusqu'à 6 à 700 mètres dans le Puy-de-Dôme. Un certain nombre d'espèces répandues dans la plaine accompagnent le châtaignier dans son ascension sur les flancs de nos montagnes; telles sont, parmi les plus fréquentes, l'Adonis, la Mauve, le Millepertuis, les Pervenches, le petit Houx, etc.

Dès qu'on s'élève au-dessus des limites des châtaigniers on entre dans la *zone subalpine* ou zone du hêtre, qui s'étend jusqu'à 1,300 mètres d'altitude. La végétation prend une nouvelle physionomie; les plantes de plaine disparaissent et sont remplacées par des espèces montagnardes spéciales à ces altitudes. Le chêne accompagne parfois le hêtre jusqu'à l'altitude de 1,000 mètres, puis il cède la place au sapin (*Abies pectinata*) qui arrive jusqu'à la limite supérieure de la végétation arborescente.

Près de deux cents espèces de phanérogames et cryptogames sont localisées dans cette zone. Parmi elles on peut citer : l'Actea, le Trollius, le Cochlearia, la Viola sudetica, le Dianthus deltoïdes, le Rhamnus, le Genévrier, l'Alchemilla vulgaris, l'Arnica montana et surtout la Gentiana lutea.

La *zone alpine*, ou des hauts pâturages, couronne nos plus hauts sommets, et comprend surtout des Graminées et Légumineuses sans application thérapeutique; il serait d'ailleurs trop difficile d'aller faire la récolte des plantes à une altitude si élevée.

La maison GAGNIÈRE avait, lors de l'exposition de Clermond-Ferrand de 1910, fait établir une carte du Massif Central, avec la répartition des plantes médicinales suivant les zones de végétation.

III

PLANTES MÉDICINALES EXPLOITÉES EN AUVERGNE.

Connaissant les zones de végétation des principales plantes médicinales, nous allons étudier, en suivant leur ordre d'importance, celles de ces plantes dont l'exploitation commence à se faire et pourrait être développée.

GENTIANE (Gentiana lutea).

GENTIANE JAUNE —— GRANDE GENTIANE.

HABITAT. — La grande Gentiane croit en abondance en Auvergne, dans les cantons de Besse, Ardes et Latour; elle aime les terrains granitiques et une altitude moyenne de 900 à 1,500 mètres est utile à son développement.

CARACTÈRES. — C'est une plante à racine épaisse, charnue, ridée extérieurement et jaune en dedans. La tige est dressée et peut atteindre jusqu'à 1 m. 50 de hauteur. Les feuilles, larges, ovales, à 5-7 nervures longitudinales, sont opposées. Les fleurs s'épanouissent en juillet, elles sont nombreuses et de couleur jaunâtre; elles donnent des graines nombreuses qui multiplient la plante.

PARTIE USITÉE. — La racine, qui est amère, tonique et fébrifuge.

RÉCOLTE. — Cette racine ne doit être récoltée que vers la dixième année au plus tôt. En Auvergne, on attend même que la racine ait 20 ou 25 ans. Sa grosseur atteint à ce moment celle du bras. Sa récolte devrait se faire après la chute des feuilles, pendant l'hiver. Malheureusement, la gentiane poussant à des altitudes élevées, à cette époque de l'année la neige couvre les montagnes. On doit donc attendre le printemps, même parfois l'été, pour procéder à l'arrachage des racines de gentiane. Celles-ci sont déterrées avec des pics et exposées aux intempéries; la pluie les lave et le soleil les sèche. Lorsque l'arrachage des racines d'une contrée est terminée, on emballe le tout dans des sacs de 100 kilos et on expédie.

PRIX MOYEN : gentiane fraîche, 20 francs les 100 kilogrammes.

gentiane sèche, 100 francs les 100 kilogrammes.

VIOLETTE (Viola sudetica).

Variétés. — Viola odorata. Viola calcarata.

Habitat. — Les Violettes croissent un peu partout, dans les bois, le long des haies et dans les lieux un peu couverts. La culture rend la violette double aux dépens des étamines, qui deviennent des pétales.

Caractère. — Les violettes ont des racines fasciculées, des tiges rampantes, des feuilles acaules, longuement pétiolées, des fleurs violettes, parfois blanches, portées sur de longs pédoncules.

Parties usitées. — La racine, qui jouit de propriétés vomitives; les feuilles, qui sont émollientes et laxatives; mais surtout les fleurs, qui sont émollientes, béchiques et diaphorétiques.

Récolte. — On cueille les fleurs de violette au mois de mars, lorsque le terrain est sec. La violette simple et odorante des bois (*Viola odorata*) doit être préférée à celle des jardins pour l'usage médical. La violette du commerce provient plus généralement de deux espèces de montagnes (*Viola sudetica* et *Viola calcarata*), très connues dans la région de Besse, et de la *Viola canina*, inodore.

Pour sécher les fleurs de violette, on sépare parfois les pétales du calice, on les monde de leurs onglets et on les fait sécher dans un grenier ou en les exposant au soleil sur des tamis, après les avoir couvertes d'un papier épais pour conserver leur couleur.

Les racines de violettes sont récoltées à l'automne et les feuilles à la floraison; en Auvergne, on se contente de ramasser les fleurs.

Prix moyen : 5 à 6 francs le kilogramme.

DIGITALE (Digitalis purpurea).

NOMS VULGAIRES : GANT DE NOTRE-DAME — DÉ DE NOTRE-DAME — GANTELET.

Habitat. — La Digitale, plante bisannuelle, croît spontanément dans les cantons de Besse, Latour, Bourg-Lastic, Rochefort.

Elle se plaît dans les terrains siliceux ou granitiques, on ne la rencontre jamais dans les sols calcaires; on la cultive parfois dans les jardins mais plutôt comme plante d'ornement que comme plante médicinale.

Caractères. — La digitale a une tige droite, portant de grandes feuilles alternes, vertes et un peu ridées en dessus, blanchâtres et cotonneuses en dessous, dentées sur les bords. Les feuilles inférieures sont pétiolées, les supérieures sessiles. Les fleurs, d'un rose purpurin, à corolle tubuleuse, ressemblant à un dé, sont toutes penchées d'un même côté de la tige; les graines nombreuses multiplient la plante.

3.

Partie usitée. — Les feuilles mondées, dont la vente est très forte, sont les parties les plus employées pour combattre les maladies de cœur.

Récolte. — La récolte se fait en juin, peu de temps avant la floraison. La plante qui croît sur les lieux élevés et qui a reçu directement les rayons du soleil est plus riche en digitaline que la plante de plaine.

Les feuilles, disposées en guirlande, doivent être séchées promptement et conservées en lieu sec, sinon elles noircissent.

Les feuilles vertes ont moins d'efficacité que les feuilles sèches, bien que celles-ci perdent leur odeur par la dessiccation, la dessiccation fait perdre aux feuilles vertes les trois quarts de leur poids.

A remarquer que les feuilles de digitale sont ultérieurement réduites en poudre ou traitées pour donner leur alcaloïde, la digitaline.

Les feuilles sèches, en vieillissant, perdent leur principe actif, aussi est-il bon de les renouveler chaque année dans les pharmacies.

Prix moyen : 2 fr. 50 le kilogramme.

ARNICA (Arnica montana)

Caractères. — L'Arnica a une racine fibreuse, brune en dehors, blanche en dedans, une tige peu rameuse avec des feuilles sessiles, ovales, nervées comme celles du plantain et groupées en rosette au bas de la tige. Les fleurs, d'un jaune doré, sont grandes et radiées.

Parties usitées. — Racines, feuilles et fleurs.

Récolte. — La récolte des racines se fait en septembre après la floraison ; celle des feuilles et des fleurs se fait en juillet. Les fleurs sont peu odorantes quand elles sont desséchées ; mais, fraîches, elles ont une odeur aromatique très prononcée capable de provoquer l'éternuement.

Le séchage des feuilles et des fleurs doit être rapide.

Prix moyen : fleurs, 3 à 4 francs.

BELLADONE (Atropa belladona).

Habitat. — La Belladone est assez peu commune en Auvergne ; elle croît dans les bois, le long des haies, des murs et des décombres ; on la cultive parfois dans les jardins.

Caractères. — La belladone est une plante vivace, à racine épaisse, à tige dressée et rameuse, portant des feuilles alternes d'un vert foncé. Les fleurs sont grandes, à corolle tubuleuse, d'un rouge brunâtre. Les fruits sont des baies noirâtres, présentant à la maturité l'aspect de cerises, cause assez fréquente d'empoisonnement chez les enfants.

Parties usitées. — Les racines, mais surtout les feuilles et les fruits qui renferment en abondance de l'atropine.

RÉCOLTE. — On récolte les feuilles en juin, avant la floraison ; si on attend trop, les feuilles du bas jaunissent et tombent. On les sèche directement sur le sol ou en les mettant en guirlande.

Les fruits se récoltent en août-septembre ; parfois on coupe les rameaux en laissant les baies et on sèche le tout à la fois.

Les racines se récoltent à l'automne ; elles sont lavées et le plus souvent coupées en rondelles avant d'être séchées.

PRIX MOYEN : feuilles mondées, 8 francs le kilogrammes.

CHIENDENT (Triticum repens).

HABITAT. — Plante vivace, très répandue dans les champs et les jardins, où elle nuit aux autres végétaux en envahissant tout le terrain où elle se montre, si l'on ne prend pas soin de l'arracher. Le chiendent est regardé comme une plante nuisible à l'agriculture.

CARACTÈRES. — Le chiendent a un rhizome souterrain consistant en jets très longs, cylindriques à l'état frais, jaune pâle et luisant à l'extérieur, blanchâtre à l'intérieur. Les tiges aériennes sont grêles et hautes ; elles portent des feuilles vertes engainantes.

PARTIE USITÉE. — Les rhizomes, improprement appelés racines, ont des propriétés diurétiques.

RÉCOLTE. — La récolte se fait toute l'année, mais principalement en septembre, au moment des labours. On lie les rhizomes en paquets, puis on les bat pour détacher l'écorce ; on les coupe ensuite à une longueur donnée pour en faire des bottes, que l'on fait sécher directement au soleil ou dans un four.

PRIX MOYEN : en vrac, 20 francs les 100 kilogrammes.

COQUELICOT (Papaver rheas).

PAVOT COQUELICOT — PAVOT DES CHAMPS.

HABITAT. — Le Coquelicot croît spontanément dans toute la Limagne, surtout dans les champs de blé, où il est plutôt nuisible.

CARACTÈRES. — Le coquelicot a une racine pivotante, une tige droite, rameuse, avec des feuilles alternes très velues. Les fleurs sont terminales et d'un rouge vif ; elles sont formées par deux sépales caducs, quatre grands pétales étalés, de nombreuses étamines noirâtres et un ovaire qui donne pour fruit une capsule volumineuse.

PARTIE USITÉE. — Les pétales, avec lesquels on fait le sirop de coquelicot.

RÉCOLTE. — La récolte des pétales se fait tout le temps que dure la floraison ; on les fait sécher immédiatement après, en les étendant sur du papier à l'abri du soleil, mais dans un courant d'air sec. La couleur rouge vif se change en rouge foncé si la dessiccation est bien faite; dans le cas contraire, les pétales noircissent et n'ont aucune valeur.

PRIX MOYEN. : 3 francs à 3 fr. 5o le kilogramme.

CHICORÉE SAUVAGE (Chichorium intybus).

HABITAT. — La Chicorée sauvage se rencontre en abondance le long des chemins. Une variété à grosse racine est cultivée depuis longtemps pour la fabrication du café-chicorée.

CARACTÈRES. — La chicorée est une plante à racine pivotante, à tige rameuse, à feuilles alternes, profondément découpées. Les fleurs, d'un beau bleu, appartiennent à la grande famille des Composées.

PARTIES USITÉES. — Les racines et les feuilles.

RÉCOLTE. — Les racines, étant vivaces, peuvent se récolter en tout temps; mais il est préférable, si on veut les conserver, de les arracher après la fructuation, c'est-à-dire vers la fin septembre; on les sèche au soleil et on les coupe en bûchettes de 2 centimètres de long.

Les feuilles doivent être récoltées lorsque la plante est en pleine maturité; car, lorsqu'elles sont trop jeunes, elles sont peu amères et presque inactives.

On les étend en couches peu épaisses dans un grenier bien aéré et on les remue une ou deux fois seulement pendant la dessiccation.

PRIX MOYEN : racine, 1 franc le kilogramme.

feuilles : o fr. 6o le kilogramme.

A remarquer que, depuis la guerre, le prix de la chicorée a quadruplé et qu'on tend actuellement à cultiver en Auvergne la variété à grosses racines, achetée par l'Usine Jeanne-d'Arc, à Royat.

La culture d'une laitue vireuse (*L. altissima*), qui avait été introduite par AUBERGIER dans les plaines de la Limagne pour la fabrication d'un sirop (sirop Aubergier), continue à se faire dans les environs de Clermont-Ferrand.

BARDANE (Lappa major).

HABITAT. — La Bardane est une plante très commune en Auvergne, elle croît à toutes les altitudes et dans tous les terrains.

CARACTÈRES. — La bardane a une grosse racine cylindrique, noirâtre en dehors, blanchâtre en dedans, avec une tige dure, rameuse et des feuilles larges, vertes en dessus, cotonneuses en dessous. Les fleurs sont purpurines, avec un calice à folioles nombreuses, se terminant chacune par une pointe acérée et recourbée en crochet qui font adhérer ces fleurs aux vêtements.

PARTIE USITÉE. — La racine.

RÉCOLTE. — La racine de bardane étant bisannuelle, on récolte celle de la première année en octobre et celle de la seconde année au commencement du printemps. Après l'avoir mondée et coupée par rouelles, on la fait sécher au four ou au soleil.

Les racines ligneuses doivent être rejetées et on ne doit mettre les rouelles en sac que lorsque la dessiccation est complète, sinon elles se noircissent et se détériorent.

PRIX MOYEN : o fr. 75 le kilogramme.

CAMOMILLE ROMAINE (Anthemis nobilis).

HABITAT. — La Camomille est une plante très commune en Auvergne, elle aime les lieux secs et sablonneux, et se trouve en abondance au bord des chemins granitiques et au milieu des moissons.

CARACTÈRES. — La camomille a une racine chevelue, une tige rameuse et courbe, des feuilles très odorantes et profondément découpées. Les fleurs, blanchâtres, groupées en capitules, s'épanouissent de juillet à septembre.

PARTIE USITÉE. — Les fleurs.

RÉCOLTE. — La récolte se fait en juillet le plus souvent : il ne faut pas attendre que la fleur soit complètement ouverte. On étend les fleurs sur des châssis, dans un local très aéré, pour les sécher. On les comprime ensuite pour les conserver.

PRIX MOYEN : 4 fr. 5o le kilogramme.

SAPONAIRE (Saponaria officinalis).

HABITAT. — La Saponaire est une plante vivace, très répandue en Auvergne.

CARACTÈRES. — Elle possède des racines grêles, allongées et rampantes ; sa tige, herbacée, fortement renflée aux nœuds, porte des feuilles opposées, d'un vert tendre, traversées par trois nervures longitudinales. Les fleurs sont disposées en corymbe et construites sur le type caryophyllé.

PARTIE USITÉE. — Feuilles.

RÉCOLTE. — On récolte les feuilles de saponaire un peu avant la floraison, en juin le plus souvent. On laisse sécher ces feuilles à l'ombre et avec de grandes précautions ; malgré tout, il est très difficile de leur conserver leur belle couleur verte.

PRIX MOYEN : o fr. 6o le kilogramme.

GENÉVRIER (Juniperus communis).

HABITAT. — Le Genièvre ou Genévrier croît en abondance en Auvergne; on le trouve dans les bruyères et sur le revers de nos montagnes. Il ne s'élève pas à plus de deux mètres dans nos climats, où il forme des buissons rabougris et épineux.

CARACTÈRES. — Le genévrier est une Cupressinée facilement reconnaissable à ses feuilles verticillées, lancéolées et groupées par trois sur la tige. Le pseudo-fruit est formé par des cônes sphériques à trois ou quatre écailles, soudées entre elles et formant une prétendue baie (baie de genièvre) de la grosseur d'un pois glabre, luisante, verte d'abord, puis noirâtre à la maturité.

PARTIES USITÉES. — Surtout les pseudo-fruits (baies de genièvre).

RÉCOLTE. — Les fruits de genévrier restent verts pendant deux ans; ce n'est qu'à la troisième année qu'ils mûrissent et deviennent brun noirâtre. C'est à cause de la lenteur de leur maturité qu'on voit constamment sur les genévriers des fruits verts et des fruits mûrs. La récolte de ces fruits se fait dans le mois d'octobre et de novembre; on les sèche facilement en les étendant clairsemés dans un grenier et les remuant souvent. On doit les choisir gros, bien nourris, noirs luisants, d'un goût sucré et un peu âcre.

PRIX MOYEN : o fr. 5o le kilogramme.

FOUGÈRE MÂLE (Polystichum filix mas).

La Fougère mâle croît en abondance dans les bois de la région de Besse et de Latour.

CARACTÈRES. — Cette fougère possède un rhizome improprement appelé racine, long de 15 à 20 centimètres et de la grosseur du pouce, noueux, écailleux, brun à l'intérieur et blanc à l'extérieur. Les feuilles sont amples, lisses, d'un beau vert, à pétiole court, non ramifié et couvertes d'écailles brunâtres. Les sporanges sont groupés en paquets réniformes, sur deux rangées, à la face inférieure des feuilles.

PARTIE USITÉE. — Rhizome.

RÉCOLTE. — Le rhizome employé frais doit se récolter en été; si on veut le conserver pour l'employer à l'état sec, il est préférable de le récolter en automne.

PRIX MOYEN : o fr. 6o le kilogramme.

TILLEUL (Tilia europea).

Arbre très commun sur nos places et dans les parcs. On récolte les fleurs dans le mois de juillet. On les conserve presque toujours avec leurs bractées;

ce qui est un tort, ces dernières ne jouissant pas des mêmes propriétés et ajoutant inutilement au volume et au poids. On doit donc en séparer les fleurs et les faire sécher au soleil pour les conserver belles et odorantes.

Prix moyen : 4 francs le kilogramme.

MARRUBE (Marrubium vulgare).

Le Marrube croît en abondance dans la plaine de la Limagne. On le reconnaît à ses tiges carrées, droites, couvertes d'un duvet blanchâtre. Les feuilles sont opposées, cotonneuses, d'un vert un peu cendre. Les fleurs, blanchâtres et nombreuses, sont disposées en verticilles à l'aisselle des feuilles ; elles sont du type Labiée. On utilise les feuilles.

Prix moyen : o fr. 6o le kilogramme.

FEUILLES DE FRÊNE (Fraxinus excelsior).

Le Frêne est abondant en Auvergne et bien connu de nos populations rurales.

Les parties usitées sont surtout les feuilles et l'écorce.

Les feuilles de frêne doivent être cueillies lorsqu'elles laissent suinter une espèce de gomme visqueuse, ce qui a lieu, selon les climats, au mois de juin ou de juillet ; on les fait sécher à l'ombre.

Les écorces doivent être prises au printemps, de préférence sur des branches de trois à quatre ans, séchées rapidement et conservées dans un lieu sec.

Prix moyen : feuilles, o fr. 80 le kilogramme ;
écorce, 1 franc le kilogramme.

FEUILLES DE NOYER (Juglans regia).

Le Noyer, cultivé en grand dans la Limagne, tend malheureusement à diminuer, son exploitation étant devenue très active, depuis une dizaine d'années pour son bois employé dans la fabrication des fusils.

Presque toutes les parties sont utilisées en thérapeutique : feuilles, drupes vertes (brou), fruits (noix).

Les feuilles se récoltent pendant toute la belle saison ; les feuilles séchées conservent leur forme, leur odeur et leur saveur.

Le brou se recueille en août ; par la dessiccation, il se recroqueville et prend une saveur douceâtre et sucrée.

Prix moyen : feuille, o fr. 6o le kilogramme ;
brou, o fr. 70 le kilogramme.

PRÈLES.

Les Prèles sont très communes dans les marais à demi desséchés, qui abondent en Auvergne.

Toutes les espèces ont les mêmes propriétés.

On les récolte pendant la belle saison, leur dessiccation se fait au soleil.

Prix moyen : 1 franc le kilogramme.

Telles sont les plantes médicinales le plus couramment récoltées en Auvergne. Est-ce à dire qu'il n'en existe pas d'autres? Non, notre beau pays, avec ses variétés de terrains et d'altitudes, possède l'une des plus belles flores du monde ; presque toutes les plantes s'y trouvent, aussi serait-il trop long de les étudier séparément. Nous allons nous borner, pour terminer, à indiquer à quel moment approximatif on doit faire la récolte de ces plantes, quelles sont les parties à récolter et le prix que l'on peut en tirer.

PLANTES MÉDICINALES ENCORE PEU EXPLOITÉES EN AUVERGNE.

ÉPOQUE DE LEUR RÉCOLTE.

Mars.

BOURGEONS DE PIN (Pinus sylvestris). — Coupés courts. Improprement appelés bourgeons de sapins.

Prix moyen : 3 francs le kilogramme.

BOURGEONS DE PEUPLIER. — Se récoltent sur les peupliers abattus au printemps.

Prix moyen : 1 fr. 25 le kilogramme.

GUI (Viscum album). — Feuilles mondées et séchées. Le gui de chêne n'a pas de propriétés plus remarquables que les autres guis ; peu importe l'arbre sur lequel se développe cette plante parasite.

Prix moyen : 1 franc le kilogramme.

Avril.

LIERRE TERRESTRE (Glechoma hederacea). — Feuilles mondées et sommitées. A conserver, après dessiccation, dans un lieu sec et à l'abri du contact de l'air.

Prix moyen : 1 franc le kilogramme.

PRUNELLIER (Prunus spinosa). — Feuilles, écorce, fleurs et fruits. L'écorce doit être récoltée au printemps sur les tiges de 4 à 5 ans et séchée lentement. Les fruits n'arrivent à maturité qu'aux gelées ; on les récolte en gaulant les prunelliers. Exploitation assez considérable dans les bois de Volvic.

Prix moyen : o fr. 3o le kilogramme.

AUBÉPINE (Cratoegus oxyacantha). — Fleurs et fruits.

Prix moyen : fleurs, 2 fr. 5o le kilogramme ;
fruit, o fr. 6o le kilogramme.

Mai.

ANÉMONES (Anemona pulsatilla et Anemona nemorosa). — L'Anémone pulsatille et l'anémone des bois sont communes dans les régions granitiques.
On vend la plante en bouquet à raison de 1 franc le kilogramme environ.

DOUCE-AMÈRE (Solanum dulcamara). — Arbrisseau très commun dans les haies. On coupe les tiges d'un an vers la fin de l'été ; en rejetant celles dont l'écorce est tout à fait verte ou qui sont altérées.

Prix moyen : o fr. 5o le kilogramme.

MUGUET (Convallaria maialis). — Plante vivace, abondante en Auvergne.
Les herboristes achètent la plante sèche en bouquet 1 fr. 25 le kilogramme, ou la fleur avec calice 4 francs le kilogramme, ou la fleur sans calice 6 francs le kilogramme.

ASPÉRULE (Asperula odorata). — Abondante dans les bois de Chanat. Vulgairement connue sous le nom de Muguet des bois. Elle doit être récoltée en pleine floraison et vendue en bouquet.

Prix moyen : 2 francs le kilogramme.

Juin.

FUMETERRE (Fumaria officinalis). — Plante annuelle, abondante dans les vignes. La récolte de la plante se fait au moment de l'ouverture de la fleur. On doit la sécher rapidement.

Prix moyen : en bouquets, o fr. 5o le kilogramme.

HERBE À ROBERT (Geranium robertianum). — Plante plus connue sous le nom de Bec de grue. Très abondante sur le bord des chemins ou des décombres.

Se vend en bouquet au prix de o fr. 75 le kilogramme.

PISSENLIT (Leontodon taraxacum). — Plante bien connue, consommée comme salade. On récolte la plante entière dans toute saison; mais c'est en juin que le suc de la racine présente l'amertume la plus grande.

Prix moyen : feuilles ou racines, o fr. 75 le kilogramme.

SUREAU (Sambucus nigra). — Abondant dans la Limagne. On utilise surtout les fleurs, que l'on doit récolter lorsqu'elles sont bien épanouies. Il faut les sécher rapidement pour qu'elles soient d'un beau, blanc avec une légère teinte jaune. Exposées à l'humidité, elles prennent une teinte brune qui en diminue la valeur marchande, qui est de 1 fr. 20 le kilogramme environ. Les baies sont quelquefois récoltées; le prix est de o fr. 60 le kilogramme.

Juillet.

ACONIT (Aconitum napellus). — Plante peu répandue en Auvergne. On la rencontre cependant dans quelques vallées de la montagne. On récolte la plante entière. Les feuilles mondées se vendent 1 fr. 50 le kilogramme et la racine sèche 2 fr. 50 le kilogramme.

ANGÉLIQUE (Angelica archangelica). — Cultivée dans les environs de Clermont. Les tiges sont vendues aux confiseurs et les racines aux droguistes à raison de o fr. 60 le kilogramme.

REINE-DES-PRÉS (Spirea Ulmaria). — Plante vivace, abondante dans les endroits humides. Les fleurs ou sommités fleuries doivent être récoltées avant leur complet épanouissement. Elles se vendent en bouquets au prix de 1 franc le kilogramme.

VÉRONIQUE (Veronica officinalis). — Plante très abondante dans les lieux humides. Se vend en bouquets à raison de o fr. 75 le kilogramme (plante entière).

Août.

BOUILLON-BLANC (Verbascum thapsus). — Plante bisannuelle, assez peu abondante en Auvergne. Cultivée autrefois à Dallet. Les fleurs doivent être cueillies dès qu'elles commencent à s'ouvrir et séchées rapidement.

Prix moyen : 4 à 6 francs le kilogramme.

MELILOT (Melilotus officinalis). — Connu sous le nom de Trèfle de cheval. Les sommités fleuries sont vendues à raison de o fr. 75 le kilogramme.

MORELLE NOIRE (Solanum nigrum). — Abondante dans les régions des vignes. On récolte la plante entière.

Prix moyen : o fr. 5o le kilogramme.

Septembre et octobre.

ALKEKENGE (Physalis alkekengi). — Croît spontanément dans les vignes. Les fruits ou baies sont séchés, après séparation des calices vésiculeux et colorés, et vendus à raison de 1 fr. 25 le kilogramme.

AIRELLES (Vaccinium myrtillus). — Arbrisseau abondant dans les bois de montagne et, en particulier, dans les bois de Pionsat. On récolte surtout les fruits (baies d'airelle), vendus desséchés à raison de 2 francs le kilogramme.

FENOUIL (Anethum foeniculum). — Cultivé dans les jardins. Croît à l'état sauvage sur les coteaux de Chanturgue. Cette plante est plus aromatique dans le Midi qu'en Auvergne.

Prix moyen des feuilles et des racines : o fr. 9o le kilogramme.

On pourrait citer encore un grand nombre de plantes médicinales croissant en Auvergne comme partout ailleurs; mais la récolte de ces plantes peu nombreuses ne serait pas rémunératrice et, par suite, ne doit pas être encouragée. Pour qu'une plante médicinale soit exploitable, il faut qu'elle se trouve en abondance sur un faible espace, et c'est pour avoir voulu récolter des plantes plutôt clairsemées que le découragement est venu.

IV

RÉPARTITON DES PLANTES MÉDICINALES
PAR RÉGION.

ZONE SUBALPINE.

CANTONS DE LATOUR, BESSE, TAUVE, BOURG-LASTIC.

CANTON DE LATOUR-D'AUVERGNE.

Le canton de Latour-d'Auvergne est une des régions les plus montagneuses du département du Puy-de-Dôme; il confine à la Corrèze, au Cantal et aux cantons de Besse, de Rochefort et de Tauve.

C'est une contrée d'origine très ancienne ; le fondement est constitué par des roches cristallophylliennes, surtout du micaschiste qui affleure sur les limites de Tauve et de Latour et en divers endroits de plusieurs communes du canton : Cros, Saint-Donat, Saint-Genès.

Le granit (granit gris commun) a traversé la couche primitive et s'est répandu sur les communes de Latour, Chastreix et même Picherande.

A l'ère tertiaire, au pliocène, des mouvements orogéniques ont rajeuni le relief et contribué à la formation de la chaîne des Monts-Dores. De grandes coulées basaltiques se sont épanchées à cette époque du Sancy et des monts environnants sur les communes de Latour, de Chastreix, de Picherande, de Bagnols, de Trémouille ; plusieurs coulées dépassent même de beaucoup les limites du département. La majeure partie de la région a été ensuite livrée à l'érosion glaciaire; grâce aux roches moutonnées et striées qui subsistent, il est très facile de suivre la marche de ces anciens glaciers et de déterminer leur extension. C'est dans les communes de Latour, Chastreix, Bagnols, Picherande et Saint-Genest-Champespe, qu'ils ont exercé leur action la plus considérable.

Actuellement la région est des plus montagneuses : le Sancy (1,886 mètres) s'élève sur la limite des communes de Chastreix et du Mont-Dore. Le canton est constitué par les premiers contreforts de la chaîne, par les plateaux formés par les coulées basaltiques qui s'abaissent en pente relativement douce vers la vallée de la Dordogne et le Cantal. De nombreuses vallées (vallées glaciaires ou fluviales) divergent des montagnes vers le Sud et l'Ouest.

Région de climat rigoureux, avec de grands et brusques écarts de température, elle est très bien arrosée. Il tombe près de 1 m. 80 d'eau par an (pluies de toutes saisons, orages en été, neiges abondantes en hiver); les vents dominants sont les vents d'Ouest amenant l'humidité. A l'Ouest, la Burande grossie de la Gagne; au Sud-Est, la Tarentaise, grossie de la Neuffont, drainent toutes les eaux et les apportent à la Dordogne. Un seul lac important dans la région, le lac Chauvet dans la commune de Picherande.

Le sol, résultant en partie de la décomposition des roches basaltiques, est assez riche. mais le climat s'oppose aux cultures. L'élevage, et, dans les communes de Bagnols, Cros et Trémouille, la petite culture du seigle et des pommes de terre, constituent la principale richesse agricole.

Les plantes médicinales sont abondantes dans les pâturages réservés à l'élevage des troupeaux; elles sont exploitées depuis longtemps et constituent une importante source de revenus. Aucune plante thérapeutique n'est cultivée, car on se borne à récolter les plantes croissant naturellement. Latour est le centre le plus actif de ce commerce dans la région. M. GRAVIÈRE, de *Latour*, s'occupe de la récolte et de la vente de toutes ces plantes; il fait aussi exploiter un peu de gentiane. Il achète directement à tous ceux qui récoltent en petites quantités et vend en gros aux herboristeries d'Autun, de Paris, de Lyon, de Marseille, de Bordeaux. Avant la guerre beaucoup de gentiane était expédiée à Dunkerque, à destination de l'Allemagne et des États-Unis.

M. GUILLAUME, à *Ayssard*, commune de *Latour*, s'occupe lui aussi de ce commerce, mais il s'est spécialisé surtout dans l'exploitation de la gentiane.

MM. L. MATRAND et MANARANCHE, de *Bremissanges*, commune de *Saint-Donat*, achètent aussi, dans la région, de la violette et de l'arnica qu'ils vendent à Égliseneuve, à Besse et à Clermont.

D'autres personnes s'occupent parfois de ce commerce, mais moins régulièrement et les quantités qu'elles revendent sont moins importantes.

La gentiane, le lamier blanc, la violette, l'arnica, la digitale, la reine-des-prés, l'ellébore sont les espèces les plus communes.

GENTIANE. — Cette plante mérite une mention toute particulière. Elle abonde sur le flanc des montagnes, dans les pâturages du haut de la commune de Latour (Charlannes, Ferreyrolles, La Roche, Saulzet, Châmassis, bois de La Tour et de La Jarrige), dans la commune de Saint-Donat (Tartéroux, montagne de Gines, Lamorangie, Pommier), de Saint-Genès (Lajoue), de Picherande (Listoure, Pont de Clamouze, Chareire, pèlerinage de Vassivières).

L'exploitation était activement menée avant la guerre, depuis longtemps on l'avait exploitée dans la commune de Latour, et on extrayait la gentiane beaucoup plus loin. Au début des hostilités, M. Gravière faisait travailler ses ouvriers dans la commune de Chastreix, jusque sur les flancs du Sancy, à cinquante mètres du sommet. M. Guillaume avait employé les siens au col de Dyane, près du Mont-Dore, et, l'an dernier, au pèlerinage de Vassivières.

On ne peut guère recommencer une deuxième exploitation d'un pâturage que vingt-cinq ou trente ans après la première, la racine demandant ce laps de temps pour se développer d'une façon suffisante. Bientôt on pourra recommencer à exploiter les pâturages de la commune de Latour, mais il y en a encore beaucoup dans la commune de Chastreix, dans celle de Saint-Donat, sur les flancs du Sancy, du puy Gros, du Pailleret qui ne l'ont encore jamais été. La région est très riche en gentiane et peut en fournir de très grandes quantités si l'exploitation est dirigée méthodiquement.

M. Gravière employait en moyenne de six à huit ouvriers, de treize à quatorze certaines années; M. Guillaume en avait beaucoup plus : de vingt-cinq à trente environ. Il fallait des hommes robustes, rompus au métier, car le travail est excessivement pénible. Autrefois, l'ouvrier était payé en raison du travail fait, aux 50 kilogrammes; mais, depuis quelques années, les entrepreneurs leur donnaient un salaire pour toute la saison d'avril à octobre, 500 à 600 francs par an, avant la guerre.

La mobilisation a enlevé ces ouvriers jeunes et vigoureux, aussi l'exploitation a été bien ralentie. M. Gravière a dû abandonner son entreprise et M. Guillaume emploie actuellement des Espagnols, très bons ouvriers, mais sans esprit de suite et qui restent rarement une semaine complète au chantier.

L'exploitation se fait pendant toute la belle saison, d'avril à octobre, dès que la neige a disparu des montagnes. L'extraction des racines demande beaucoup de force et d'adresse ; quelques-unes, de la grosseur du bras de l'homme, atteignent plusieurs mètres de longueur. Les ouvriers emploient un pic à manche très court, cinquante centimètres environ, à fer bien trempé de 1 mètre à 1 m. 20 de longueur, l'une des extrémités est recourbée pour servir de poignée. Le pic est enfoncé verticalement près du pied de la plante, puis, en s'aidant de la jambe comme de point d'appui, l'ouvrier se sert du fer comme d'un levier pour soulever la racine de terre et l'amener à lui ; grâce à une longue habitude, on reconnaît facilement à une simple inspection de la plante celle qui possède une forte racine.

Les racines ainsi extraites sont étendues sur le sol et sèchent à l'air. Elles restent exposées aux pluies et aux intempéries faute de hangars suffisants pour les abriter.

A la fin de l'été, elles sont empaquetées par balles de 100 kilogrammes et expédiées aux gares les plus proches. Elles sont vendues par wagons entiers de 5,000 et de 10,000 kilogrammes. M. Gravière en expédiait 4 wagons en moyenne par an, et M. Guillaume 25 wagons. Il y avait autrefois d'autres entrepreneurs de gentiane, de telle sorte qu'on en expédiait en tout, par an, de 40 à 50 wagons et peut-être plus. Actuellement cette quantité a bien diminué, mais elle pourrait facilement atteindre l'ancien chiffre et même le dépasser.

Les prix de vente variaient avant la guerre de 35 à 50 francs les 100 kilogrammes, maintenant ils sont plus que triplés et les grandes maisons en offrent de 135 à 150 francs.

LAMIER BLANC. — La récolte est absolument différente et ne nécessite pas d'outillage spécial. C'est la fleur qui est cueillie et vendue après avoir été séchée.

La plante est très commune dans tout le canton, on la trouve dans les décombres, au bord des chemins. Elle fleurit en mai, juin et juillet. Les femmes et les enfants en font la cueillette à leurs moments de loisir. Les fleurs sont séchées à l'ombre de préférence pour qu'elles conservent davantage leur parfum; les premières cueillies sont les meilleures et les plus recherchées. Le séchage les diminue des quatre cinquièmes de leur poids environ. Elles sont vendues aux prix de 8 à 9 francs le kilogramme et expédiées aux maisons d'Autun, de Lyon, de Marseille et de Paris; ce sont d'ailleurs les mêmes herboristeries qui achètent toutes les autres plantes thérapeutiques. M. Gravière en vendait avant la guerre près de 400 kilogrammes, mais, dans la région, on pourrait facilement décupler ce chiffre.

VIOLETTE. — Très odorante, la violette fleurit en mai, juin et juillet dans la montagne. Elle est très commune dans les pâturages, dans les communes de Latour (le Saulzet, la Chauderie, Sarcenat), de Chastreix (Bousquet, Orbrévialle), de Saint-Donat (Gines, Chaussidieux, Augères, Bouteix), de Saint-Genès (Lajoue, Bastide, Ribeyre), de Picherande, près du lac Chauvet.

La récolte et le séchage sont identiques à ceux du lamier blanc. Les fleurs sont vendues de 3 fr. 50 à 5 francs le kilogramme. La quantité de violette vendue dans la région était avant la guerre d'environ 1,500 kilogrammes; comme pour la gentiane, elle a notablement diminué, mais elle pourrait prendre un essor plus considérable.

On pourrait rapprocher de la violette la **pensée sauvage,** mais cette plante est beaucoup moins commune que la violette dans la région. On en trouve quelque peu à Picherande, à Saint-Genès, à Saint-Donat, mais il y en a bien davantage à Gros, Bagnols et Trémouille où elle pousse dans les champs de blé, une fois la moisson finie. Besse surtout fait le commerce de cette plante.

ARNICA. — C'est une des plantes thérapeutiques les plus importantes; elle est très commune dans la montagne (Chambourguet, la Jarrige), les communes de Chastreix, de Saint-Donat (Brimesanges, la Prunière), de Saint-Genès (Lajoue, Bastide, Ribeyre), de Picherande (Gros). On en trouve quelque peu aussi dans les prairies, mais il faut bien se garder de le confondre avec le faux arnica. Il fleurit vers le 20 juin; la fleur surtout fait l'objet du commerce; certaines maisons demandent la racine, mais bien moins que l'inflorescence. L'arnica est vendu à raison de 45 francs les 100 kilogrammes; on en expédiait 600 kilogrammes avant la guerre, mais on pourrait, nous a-t-on dit, en fournir près de 5,000 kilogrammes.

DIGITALE. — On récolte à la fois la fleur et la feuille. Cette plante est très abondante dans les bois de la Charbonnière, de la Jarrige, de la Prunière, de Montavet, dans la grande forêt de Gravière. On peut faire sécher la feuille au soleil sans inconvénient; la fleur est un peu plus chère que la feuille; les prix sont à peu près les mêmes que ceux de l'arnica. La quantité récoltée est encore peu importante.

REINE-DES-PRÉS. — Elle fleurit en juillet. On la trouve dans la montagne, dans les bois de Corbet, de la Jarrige, de La Tour. On la rencontre aussi dans les endroits humides, dans les prairies situées sur les rives des cours d'eau. La fleur et la feuille font l'objet d'un commerce peu important; aussi, bien que cette plante soit des plus abondantes, on la vend à raison de 130 francs les 100 kilogrammes.

ELLÉBORE. — La plante ressemble à la gentiane par le port des feuilles, mais elle en diffère par ses fleurs blanches ou verdâtres. On extrait la racine, mais l'extraction est bien moins difficile que celle de la gentiane. On trouve la plante dans les pâturages et les prairies, où elle est des plus nuisibles ; les animaux la reconnaissent à son odeur et ne la mangent pas,
On la vend au prix de 130 francs les 100 kilogrammes, la racine est traitée d'une façon identique à celle de la gentiane. On n'en vend aussi que de très petites quantités.

SUREAU. — On trouve cet arbrisseau dans les haies, au bord des chemins, près des agglomérations. Les fleurs apparaissent en juin et juillet ; on les fait sécher à l'ombre. On n'en vend point, le peu qu'on récolte est utilisé pour les besoins de la famille. On pourrait très bien cependant en vendre une certaine quantité.

TILLEUL. — Cet arbre est très rustique, et on le rencontre très souvent auprès des agglomérations, dans les villages. Il est surtout abondant dans les communes de Bagnols, de Cros et de Trémouille qui pourraient en fournir beaucoup. L'arbre fleurit en juillet; malheureusement on laisse perdre la majeure partie des fleurs, car on se contente d'en cueillir quelque peu pour les usages de la famille.

Les plantes qui suivent sont bien moins importantes ; elles ne font l'objet d'aucun commerce bien que quelques-unes soient très abondantes. On avait essayé le commerce des fleurs de **genêt,** mais cet essai n'a pas réussi; les fleurs sont difficiles à sécher et deviennent facilement noires malgré les précautions les plus minutieuses.
La **bardane** se rencontre assez fréquemment au bord des chemins dans les terrains incultes; la racine, très longue, est difficile à extraire. Le **colchique** est commun dans les prairies, au printemps et en automne, où on le remarque facilement grâce à sa couleur violacée. La **scabieuse** est aussi une plante très abondante. On rencontre aussi de la **bruyère,** mais en petite quantité.
. La **ronce** et l'**airelle** sont très communes dans les bois et pourraient fort bien être l'objet d'une exploitation suivie. On trouve aussi de la **belladone,** de la **réglisse** près des Monts-Dores, du lac Chauvet, du **trèfle d'eau,** mais en trop petite quantité pour qu'on puisse songer à les exploiter sérieusement.

En résumé, les plantes médicinales sont abondantes et variées dans le canton de Latour-d'Auvergne, aucune n'est cultivée ; on se borne à la cueil-

CANTON DE LATOUR

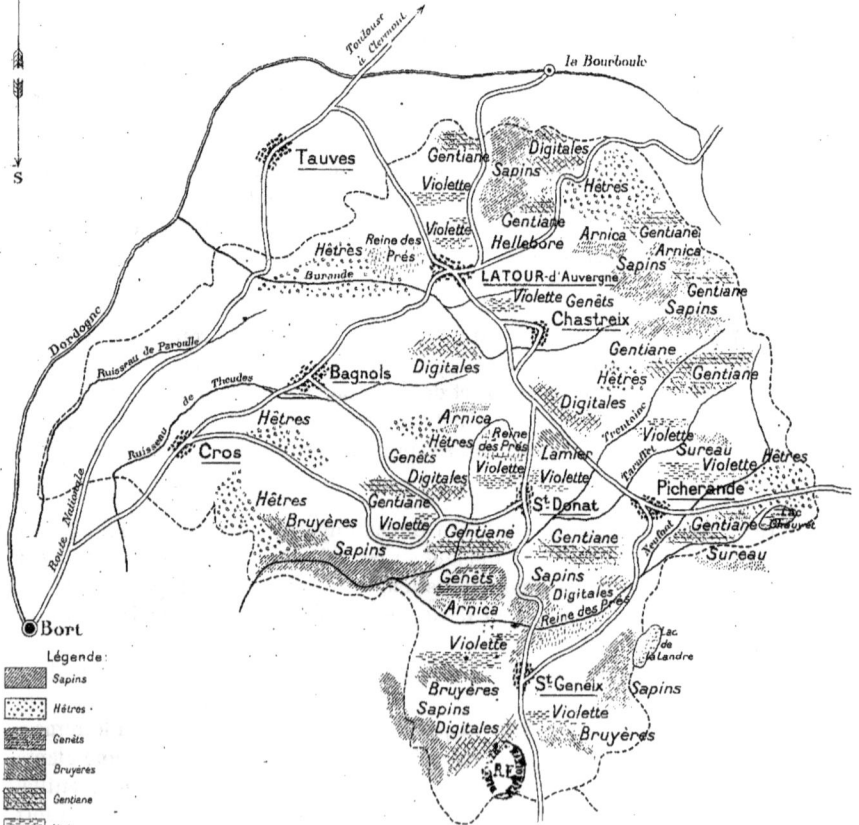

N
↑
|
↓
S

la Bourboule

Pontour à Clermont

Tauves

Gentiane
Violette
Digitales
Sapins
Hêtres

Violette
Gentiane
Hellebore
Arnica
Gentiane
Arnica
Sapins
Gentiane
Sapins

Hêtres
Reine des Prés
Burande

LATOUR-d'Auvergne
Violette Genêts
Chastreix

Dordogne

Ruisseau de Parouls

de Theudes

Ruisseau

Bagnols
Digitales

Gentiane
Hêtres
Digitales
Gentiane

Hêtres
Arnica
Hêtres
Reine des Prés
Lamier
Violette
Sureau
Violette Hêtres

Cros
Genêts
Digitales
Violette
Violette

Route Nationale

Hêtres
Gentiane
Violette
Bruyères
Gentiane
Sapins

St Donat
Violette
Picherande
Lac de Greyse
Gentiane Bruyère
Sureau

Gentiane

Genêts
Arnica
Sapins
Digitales
Reine des Prés

Bort

Violette

Lac de Lalandre

Bruyères
Sapins
Digitales
St Geneix
Violette
Bruyères
Sapins

R.F.

Légende:

Sapins
Hêtres
Genêts
Bruyères
Gentiane
Violette
Digitales
Reine des Prés
Hellebore
Arnica
Lamier
Sureau

lette des plantes sauvages. Cette récolte a sensiblement diminué par suite de la guerre, mais elle renaîtrait facilement par suite d'une énergique impulsion et la région pourrait fournir aux grandes herboristeries de grandes quantités de plantes thérapeutiques. C'est là un commerce très lucratif, source d'importants revenus.

ZONE MONTAGNEUSE.

CANTONS DE PIONSAT, PONTAUMUR, MONTAIGUT, OLLIERGUES, SAINT-AMAND, ROCHE-SAVINE, SAINT-RÉMY-SUR-DUROLLE, SAINT-GERMAIN-L'HERM.

CANTON DE PIONSAT.

Le canton de Pionsat est situé sur les confins des départements du Puy-de-Dôme, de l'Allier et de la Creuse. Le bourg de Pionsat est à une altitude de 528 mètres. Le canton est assez accidenté. Il est couvert de nombreux mamelons que séparent des vallées plus ou moins profondes; ce-sont les ramifications des collines de Combrailles, les collines des grands bois et les côtes de Château-sur-Cher.

Le canton est arrosé par une petite rivière, le Boron, qui prend sa source au Quartier, arrose Pionsat, reçoit la Mousson, la rivière de Jobet et la Verrière, puis va se jeter dans le Cher au Pont-du-Château. Le Cher lui-même sert de limite entre le canton de Pionsat et le département de l'Allier.

Le terrain est d'origine volcanique. On rencontre des granites à Pionsat, Saint-Maigner, Bussières, Saint-Maurice; des gneiss et des micaschistes à la Celette et au Quartier et des terrains houillers à Saint-Hilaire et à Château-sur-Cher. Dans la commune de Pionsat se trouve un mamelon, les Beaupierres, qui est entièrement formé par du quartz laiteux.

Le canton de Pionsat est assez riche en plantes médicinales. On trouve en assez grande quantité certaines plantes, mais il n'y en a guère qui soient récoltées pour être ensuite livrées aux herboristeries.

Les principales plantes médicinales récoltées sont la *gentiane* et le *tilleul*.

La **GENTIANE**. — La gentiane est une plante qui croît en assez grande abondance dans les grands bois aux environs du village de Goutaude, sur la lisière du bois. Elle est aussi abondante sur l'autre versant de la colline; les habitants d'Espinasse (canton de Saint-Gervais) en récoltent annuellement de 500 à 600 kilogrammes qui sont vendus à M. Gagnière ou à MM. Fourton et Patriarche, à Clermont-Ferrand.

La récolte est faite à l'automne. Les racines sont ensuite soumises au séchage avant d'être vendues. Cette plante pourrait être récoltée en plus grande abondance.

Le **TILLEUL**. — Il y a des tilleuls dans tous les bourgs et dans beaucoup de villages. Il y en a surtout en grande abondance au Quartier.

Les habitants de cette commune recueillent la fleur de tilleul et la font sécher dans leurs greniers; ensuite ils la vendent aux pharmaciens de Gannat. La récolte se fait en juin. Ce sont surtout les femmes et les enfants qui s'en occupent.

Il y a aussi dans le canton de Pionsat une plante médicinale qui n'est pas récoltée comme telle, mais qui est cependant fort abondante : c'est *l'airelle*.

Cette plante croît dans les grands bois, mais elle est particulièrement abondante aux environs du village des Prugnes et à quelque distance de la route de Gouttières à Pionsat. Il y a de grandes clairières dans lesquelles le sol est littéralement pavé d'airelles.

Les habitants du canton vont cueillir au mois de juillet les baies d'airelle pour en faire de la liqueur, de la confiture et des tartes. Néanmoins beaucoup de ces baies se perdent, alors qu'elles pourraient être avantageusement exploitées.

Parmi les plantes médicinales qui croissent en assez grande abondance et ne sont pas récoltées, citons les suivantes : le **genévrier**, le **pin** et le **sapin**, la **fougère**, le **sureau**, le **frêne**, le **chiendent**, la **reine-des-prés**, le **muguet**, la **digitale**, le **genêt**, le **cerisier**, la **ronce**.

Le **GENÉVRIER** est répandu entre Saint-Maigner et Espinasse, sur les bords de la route et sur les pentes des mamelons avoisinants, dans les communes de Vergheas, de Roche, d'Agout, de Saint-Maurice.

Le **PIN** et le **SAPIN** existent en abondance dans les grands bois.

Le **SUREAU** est très répandu dans toutes les haies, dans les communes de Bussières, de Saint-Maigner et de Pionsat; chaque famille en récolte pour son usage personnel.

La **FOUGÈRE MÂLE** est surtout abondante dans la vallée du Poron en amont de Pionsat.

Le **FRÊNE** est très répandu ; il est particulièrement abondant dans les communes de Pionsat, Saint-Maigner, Bussières, Saint-Hilaire et le Quartier, sur les bords du Boron, de la Verrière et de la rivière de Jobet. On en compte jusqu'à 50 dans le même champ. Quelquefois au mois d'août, quand l'herbe manque, on recueille les feuilles de frêne pour les donner aux bêtes.

Le **CHIENDENT** est très répandu dans les terres labourées et surtout dans les terres argileuses des environs du bourg de Pionsat. Il y en a aussi dans la commune de Saint-Maigner, dans la région comprise entre la Verrière et la route de Saint-Maigner à Espinasse.

La **REINE-DES-PRÉS** se rencontre sur les bords du Péragut; aussi, à chaque printemps, quantité de gens vont cueillir les fleurs de cette plante.

CANTON DE PIONSAT

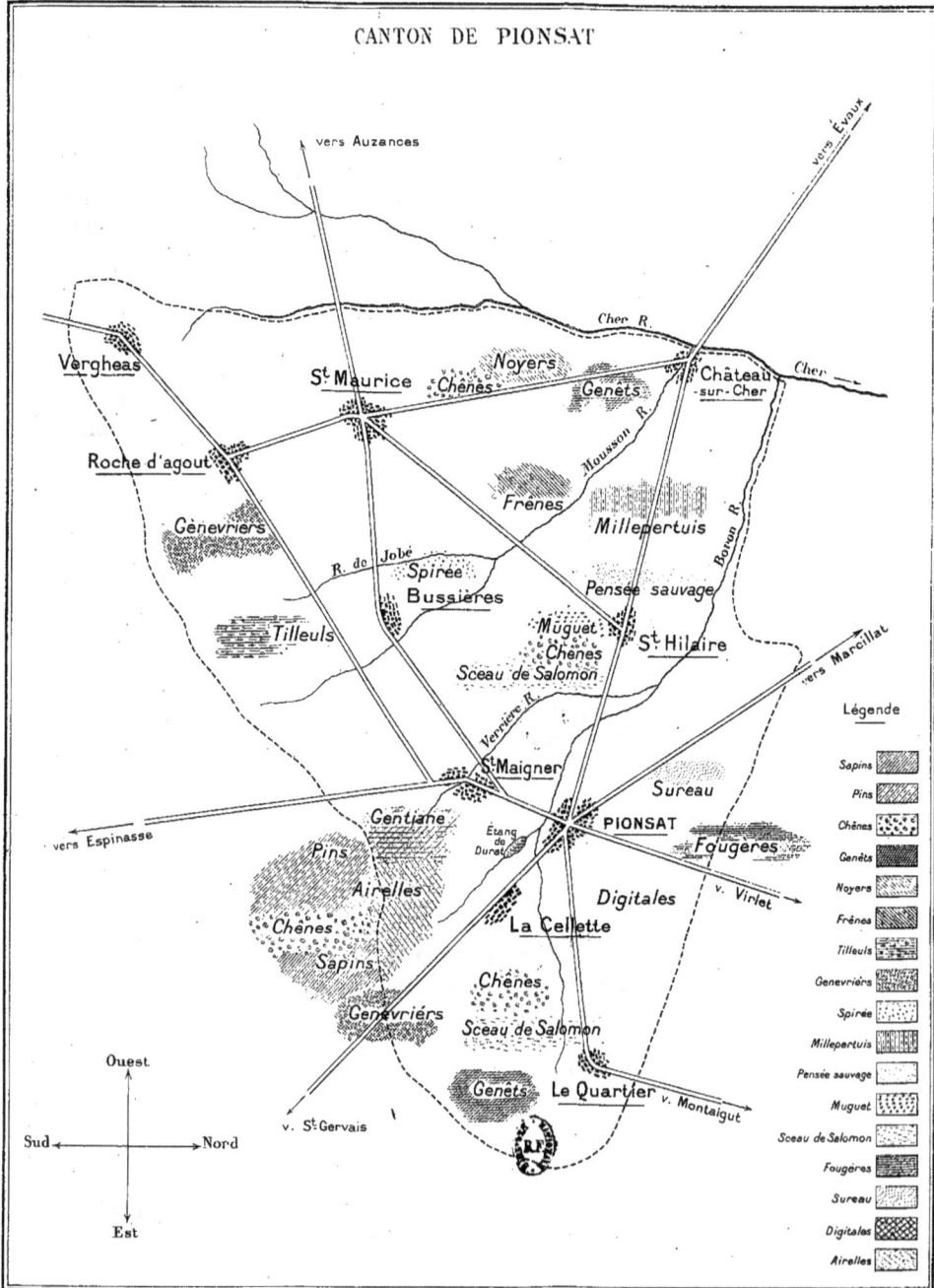

vers Auzances

vers Évaux

Cher R.

Cher

Vergheas

St Maurice

Noyers

Chênes

Château -sur-Cher

Genêts

Roche d'agout

Genevriers

Frênes

Millepertuis

Mousson R.

Boron R.

R. de Jobe

Spirée

Bussières

Pensée sauvage

Tilleuls

Muguet

Chênes

St Hilaire

Sceau de Salomon

vers Marcillat

Verzière R.

St Maigner

Sureau

vers Espinasse

Gentiane

Étang de Durat

PIONSAT

Fougères

Pins

Airelles

Digitales

v. Virlet

Chênes

La Cellette

Sapins

Chênes

Genevriers

Sceau de Salomon

Ouest

Genêts

Le Quartier

v. Montaigut

v. St Gervais

RF

Sud

Nord

Est

Légende

Sapins	
Pins	
Chênes	
Genêts	
Noyers	
Frênes	
Tilleuls	
Genevriers	
Spirée	
Millepertuis	
Pensée sauvage	
Muguet	
Sceau de Salomon	
Fougères	
Sureau	
Digitales	
Airelles	

La **DIGITALE** est très abondante sur la colline qui domine le bourg de Saint-Maigner et se continue dans la commune de Bussières, ainsi que sur les mamelons qui dominent la vallée de Virlet.

Le **GENÊT** est très abondant dans les communes de Pionsat, Saint-Maigner, Vergheas, Bussières et Roche-d'Agout.

Le **CERISIER SAUVAGE** se rencontre sur les bords de la route de la Celette, aux alentours du bourg de Saint-Maiguier et dans les champs qui avoisinent la route de Pionsat à Marcillat.

Conclusion : Le canton de Pionsat est donc riche en plantes médicinales et si les gens ne les récoltent pas, c'est qu'ils ignorent qu'ils pourraient en tirer profit.

ZONE DE PLAINE.

CANTON D'ISSOIRE.

Le canton d'Issoire est situé au sud-est de Clermont. Il est arrosé par l'Allier, qui a une vallée peu profonde, sauf vers la commune de Saint-Yvoine où se dressent de hauts rochers.

C'est une région mamelonnée ; elle est hérissée de plateaux et de puys. Les principaux puys sont : le puy de Boulade 470 mètres et le puy de Solignac 415 mètres.

Les principaux plateaux sont : les plateaux de Pardines et de Perrier d'une altitude de 600 mètres, le plateau du Broc 360 mètres, le plateau de Malbattu 450 mètres. Le canton d'Issoire est formé en majeure partie de terrains tertiaires, nous trouvons cependant des terrains quaternaires dans les vallées de l'Allier et de la Couze Pavin.

PLANTES MÉDICINALES.

Le canton est assez riche en plantes thérapeutiques, mais très peu sont récoltées pour la vente. Elles servent simplement au besoin familial.

Cependant un plus grand nombre de plantes médicinales pourraient être récoltées, se trouvant en grande quantité dans le canton.

Parmi elles, on peut citer :

Les **FEUILLES DE FRÊNE**. — Les frênes sont abondants dans les ravins environnant Issoire, dans le bois de Saint-Babel, sur le plateau de Bergonne, le long de l'Allier et de la Couze Pavin.

Les **FEUILLES DE NOYER**. — On trouve des noyers dans la plaine d'Issoire, sur les bords des routes d'Issoire à Flat, d'Issoire à Champeix, d'Issoire à Coudes, de Coudes à Champeix. Les familles en ramassent une bien minime partie pendant l'été pour en faire une liqueur qui a des propriété astringentes réputées, mais il s'en perd la majeure partie.

Les **FLEURS DE TILLEUL**. — Il y a des tilleuls en assez grand nombre; les familles récoltent les fleurs pour leur usage personnel, mais on pourrait en recueillir pour la vente.

On trouve des tilleuls sur les places des villages et sur le bord des routes, en particulier sur la route d'Issoire à Perrier.

Les **FLEURS DE SUREAU**. — Les sureaux sont assez nombreux, ils poussent un peu partout sur le territoire, mais surtout dans les ravins aux environs de Flat, d'Aulhat, d'Issoire.

Les **VIOLETTES** et les **PENSÉES SAUVAGES**. — On les trouve un peu partout, mais en petite quantité. Les violettes et les pensées sauvages poussent surtout dans le bois de Saint-Babel, sur les rochers de Coudes et de Saint-Yvoine, à l'entrée de Solignac et dans les ravins de la commune de Bergonne.

Les **GENÊTS**. — Les genêts poussent en grande abondance dans le canton, mais surtout sur les plateaux de Bergonne et du Broc sur les rochers environnant l'Allier.

Les **GENÉVRIERS**. — Les genévriers poussent en assez grande quantité sur tout le territoire des communes de Flat, d'Aulhat, de Saint-Yvoine et de Solignac.

Les **FOUGÈRES**. — Les fougères poussent principalement dans la partie nord du puy de Solignac et sur les coteaux d'Orbeil et de Saint-Yvoine.

CONCLUSION : En résumé nous voyons que le canton d'Issoire est assez riche en plantes médicinales, mais la plupart de ces plantes ne sont pas récoltées; cependant, pour les plus abondantes, la récolte pourrait devenir rémunératrice.

CANTON D'ISSOIRE

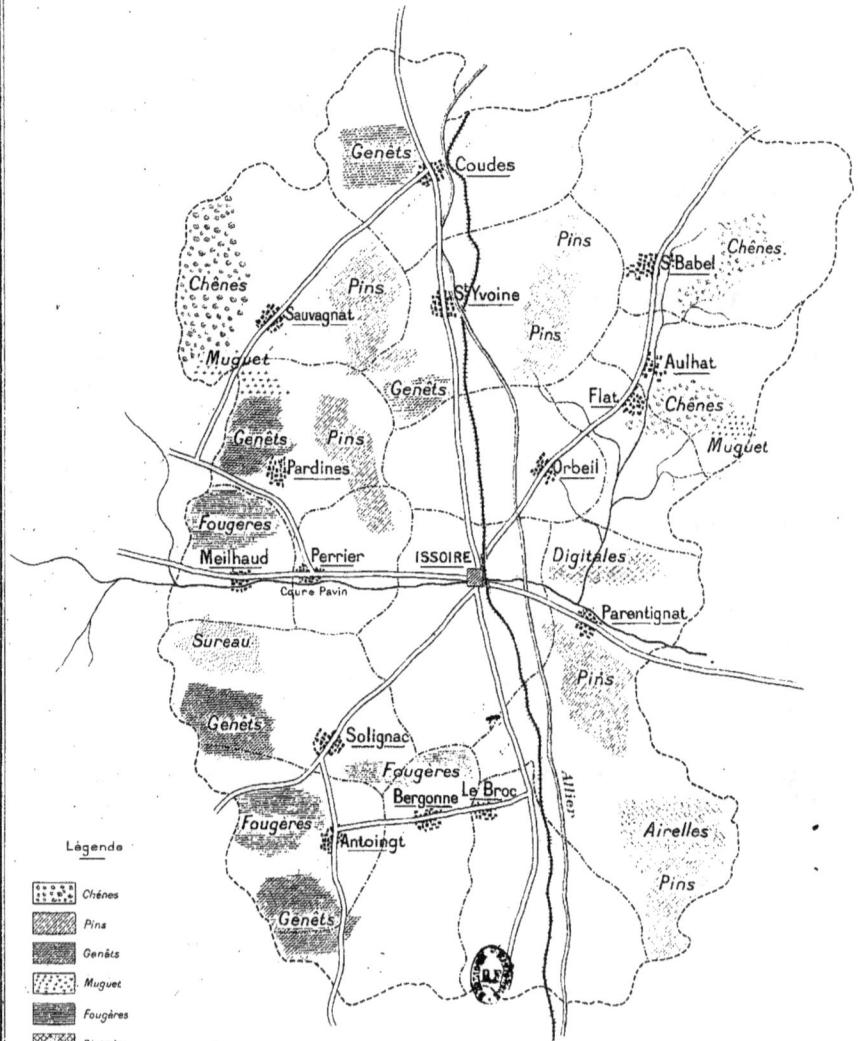

N

S

Genêts
Coudes
Chênes
Pins
S¹ Babel
Chênes
Pins
S¹ Yvoine
Sauvagnat
Pins
Aulhat
Muguet
Flat
Chênes
Genêts
Orbeil
Muguet
Genêts
Pins
Pardines
Fougères
Digitales
Meilhaud
Perrier
ISSOIRE
Cour e Pavin
Parentignat
Sureau
Pins
Genêts
Solignac
Fougères
Airelles
Bergonne
Le Broc
Fougères
Antoingt
Pins
Allier
Genêts

Légende

	Chênes
	Pins
	Genêts
	Muguet
	Fougères
	Digitales
	Sureau
	Airelles

V

CONCLUSIONS.

L'exploitation des plantes médicinales d'Auvergne, trop longtemps négligée, mérite d'être encouragée au moment où les grandes maisons d'herboristerie semblent vouloir ne plus être tributaires de l'étranger. Il est temps de faire connaître au public de nos campagnes, et en particulier à celui de nos montagnes, où les plantes médicinales sont abondantes, que cette exploitation est en train de devenir rémunératrice.

La récolte de la plupart des plantes peut se faire par des enfants, des femmes, des vieillards, des mutilés ayant encore leurs bras, en somme par un personnel trop faible pour les durs travaux agricoles.

Sans doute on peut craindre que ces efforts individuels ne donnent que de médiocres résultats, mais à toute chose il faut un commencement. C'est aux instituteurs et aux pharmaciens à prendre la direction de ce mouvement.

L'instituteur peut constituer pour son école un *herbier* semblable à celui que nous joignons à notre rapport, herbier dans lequel doivent se trouver les principales plantes médicinales de la région. Cet herbier, feuilleté par les enfants, leur apprendrait à reconnaître ces plantes.

Bien mieux, dans la *bibliothèque scolaire* on devrait posséder le livre de Hariot « Les plantes médicinales » avec planches coloriées, livre que l'on mettrait à la disposition des enfants et des parents.

Des *tableaux muraux* en couleur, représentant les plantes thérapeutiques les plus connues de la région, devraient couvrir les murs des salles d'écoles.

Le *musée scolaire* devrait comprendre des échantillons de ces mêmes plantes séchées, pour servir de comparaison avec les produits récoltés.

Des *comités de propagande*, constitués par les personnes s'imposant par leurs connaissances ou leur situation, seraient d'une grande utilité dans les pays de montagne. Les pharmaciens seraient tout indiqués pour contribuer à l'éducation des jeunes herboristes et même pour servir d'intermédiaires entre les producteurs et les grandes maisons de droguerie.

L'instituteur peut beaucoup pour encourager les enfants à cette récolte des plantes médicinales, s'il veut orienter ses *leçons de sciences* du côté botanique, s'il sait donner le goût de la nature, s'il veut lui-même diriger quelques promenades à travers bois, faire reconnaître les plantes à récolter et indiquer les centres où elles se trouvent en abondance. Bien mieux, il pourrait, comme le font certains maîtres, faire opérer sous sa direction, par les enfants de bonne volonté, la cueillette des plantes médicinales les plus abondantes dans la région.

Ces plantes, apportées à l'école, seraient triées par les élèves et mises à sécher dans le grenier ou sous le préau : elles seraient ensuite vendues par l'instituteur ou le pharmacien et le produit de la vente réparti entre les enfants qui auraient pris part à la récolte. Ce serait encore la meilleure façon d'exciter les enfants à rivaliser d'ardeur pour la cueillette des plantes médicinales et même le moyen le plus sûr pour intéresser indirectement les parents.

Les paysans de nos montagnes sont âpres au gain ; s'ils ne s'occupent pas, à leurs moments perdus, de l'exploitation des plantes médicinales, c'est qu'à leur avis cette récolte ne rapporte pas suffisamment. Mais à cela il y avait avant la guerre une double raison ; la première venait de la concurrence étrangère qui forcément faisait baisser les prix, et la deuxième, de ce que la récolte était faite au hasard, sans direction ; on ramassait des plantes, de ci de là, sans songer que, pour qu'une récolte soit rémunératrice, il faut se rendre à l'endroit où la plante croît abondamment.

Les plantes médicinales existent partout ; pour s'éviter des mécomptes, il faut bien se mettre dans l'esprit qu'une plante n'est exploitable dans une région que si elle est abondante, sans quoi la récolte n'est pas rémunératrice et est bientôt abandonnée.

C'est à l'instituteur à initier les enfants à cette récolte méthodique, à les y intéresser, et c'est encore la meilleure façon d'agir indirectement sur les parents. C'est ce qu'a bien compris Mᵐᵉ LAFOND, institutrice à Levallois-Perret, présidente fondatrice de l'œuvre des plantes médicinales, qui se multiplie pour aider et encourager les instituteurs qui voudraient bien organiser la récolte de ces plantes ; elle vient d'organiser un concours entre les écoles qui avaient participé à cette œuvre.

La récolte des plantes médicinales n'exige ni capital, ni mise de fonds, c'est une occupation hygiénique pour les enfants en même temps qu'une distraction et une source de bénéfices.

L'instituteur peut d'ailleurs se documenter au préalable chaque année sur le besoin des herboristeries, sur les prix qu'elles offrent et renseigner ensuite le public de nos campagnes dans une *conférence* où il ajouterait quelques conseils sur la manière de traiter les espèces demandées et donnerait les adresses des acheteurs.

La Société nationale des Conférences populaires, 4, rue Rameau, à Paris, se met à la disposition des instituteurs que la question intéresse et leur fera parvenir les manuels guides des récoltes des plantes médicinales ; elle les mettra en outre en relation avec des acheteurs.

D'ailleurs, dans notre région, nos grandes maisons d'herboristerie (Gagnière, Fourton et Patriarche) s'offrent, au début de chaque saison, à renseigner gratuitement les instituteurs et tous ceux que la question intéresse sur le prix des plantes les plus communes du département. Elles achèteront aux prix indiqués, par toute quantité, toutes les plantes médicinales récoltées et, après la guerre, elles se mettront à l'entière disposition des récolteurs pour leur donner toute facilité d'expédition. Et comme la difficulté réside, surtout à la campagne, dans la dessiccation des plantes, qui ne peut être opérée avec rapidité, faute d'étuves, ces maisons se feront un plaisir de donner toutes les indications pour que l'on puisse procéder à l'organisation de séchoirs en commun pour faciliter la besogne et augmenter la valeur marchande des produits récoltés. Ainsi la plus grande commodité sera donnée à ceux qui voudront s'occuper de cette récolte de plantes médicinales, et comme il n'y aura plus à craindre que les plantes trop longtemps conservées perdent de leur valeur marchande, puisqu'elles pourront être vendues de suite, il n'y aura donc plus aucun risque à courir. Nul doute que, dans ces conditions, nombreux soint ceux qui voudront occuper leurs loisirs à une œuvre utile tout en augmentant leurs revenus : pour une fois le devoir et l'intérêt feront cause commune.

Plus tard, lorsque l'élan sera donné, il sera toujours temps pour augmenter la production d'organiser dans des localités judicieusement choisies des centres de récolte possédant l'installation nécessaire et un personnel expérimenté pour en diriger l'exploitation et la préparation. Les marchands en gros et les industriels peuvent seuls réaliser cette organisation ; les pharmaciens de nos campagnes peuvent devenir pour eux des auxiliaires précieux. Mais, pour l'instant, ce serait trop demander ; à part l'exploitation de la gentiane, qui peut devenir industrielle, contentons-nous d'encourager la récolte des autres plantes médicinales en excitant les efforts individuels ; que les pharmaciens et les herboristes s'approvisionnent sur place au lieu de s'adresser aux grandes drogueries, que tous donnent l'exemple si l'on veut aboutir. Et lorsque cette récolte sera assez abondante, il n'est pas téméraire de penser que des foires et des marchés spéciaux pour plantes médicinales pourront se créer dans certaines localités de la montagne et attirer les agents des grandes maisons pharmaceutiques, ce qui sera une nouvelle source de revenus pour notre belle Auvergne.

www.ingramcontent.com/pod-product-compliance
Lightning Source LLC
Chambersburg PA
CBHW071409200326
41520CB00014B/3357